Paris

1668

Cordemoy, Géraud de

Copie d'une lettre écrite à un savant religieux de la Compagnie de Jesus (Le P. Cossart), pour montrer : que le système,

INVENTAIRE
R 31296

Pas de Cordemoy
d'après Barbier –

par Collard

COPIE D'UNE LETTRE

Ecrite à un ſçavant Religieux de la Compagnie de Jesus :

Pour montrer,

I. Que le Syſteme de Monſieur Deſcartes, & ſon opinion touchant les beſtes, n'ont rien de dangereux.

II. Et que tout ce qu'il en a écrit, ſemble eſtre tiré du premier Chapitre de la Geneſe.

M. DC. LXVIII.

MON REVEREND PERE,

Je ſçay bien que Moyſe n'a pas écrit la Geneſe, dans le deſſein d'expliquer aux hommes les ſecrets de la Nature : mais je ſçay bien auſſi, qu'eſtant inſpiré de Dieu, comme il eſtoit, il ne luy a pas eſté poſſible de rien dire touchant la formation de cet Uniuers, qui ne ſoit veritable. Ainſi j'eſtime que pour trouver les Principes d'vne Phyſique infaillible, il ne les faut chercher que dans l'Hiſtoire qu'il nous a donné de la Creation du Monde; ou du moins, qu'on doit regarder comme faux, tout ce qui ſe dit de la Nature, quand il ne peut convenir avec toutes les circonſtances de cette Hiſtoire.

Ne vous étonnez donc pas, ſi je vous renvoye ſi ſouvent à la Geneſe, & ſi je defere tant aux principes de Monſieur Deſcartes: La pluſpart de ſes ſentimens ſont ſi conformes à ce que Moyſe a dit, qu'il ſemble qu'il ne ſoit devenu Philoſophe que par la lecture de ce Prophete. Mais afin que vous connoiſſiez plus aiſement combien il y a de rapport entre l'Ecriture & ſa Philoſophie, j'ay deſſein de vous expliquer le premier Chapitre de la Geneſe à la lettre: & vous verrez que pour cela, je vous diray preſque les meſmes choſes, que je vous diſois dernierement, en vous expoſant

ſant les principes de Monſieur Deſcartes.

La ſeule difference que vous y trouuerez, c'eſt que Monſieur Deſcartes écrit les choſes plus particulierement, & dans le deſſein de les faire connoiſtre en elles meſmes ; au lieu que Moyſe écrit comme vn Hiſtorien, qui ne parle de la Nature, qu'autant qu'il le faut pour nous faire admirer la puiſſance de ſon Auteur. Ainſi, l'vn ne dit que les principales choſes, & l'autre va dans un plus grand détail; mais enfin tout ce détail n'eſt viſiblement qu'une explication plus étendue, & une ſuite de ces choſes principales, dont Moyſe a fait le recit d'une maniere ſi belle, ſi conciſe, ſi hardie, & ſi veritable.

Je vous diſois l'autre jour, que Monſieur Deſcartes dans le commencement de ſes Principes uſe de beaucoup de raiſonnemens, pour montrer qu'il y a un Dieu : Que tout ce qui eſt, n'eſt que par luy : Qu'il a commencé ce grand Ouvrage, que nous appellons le Monde, en creant les corps : Qu'il les a mûs deſlors, & qu'il continuë toûjours de les mouvoir. Je vous diſois auſſi, qu'entre tant de differences que les figures peuuent mettre entre les corps, Monſieur Deſcartes en fait remarquer trois principales. Qu'il démontre qu'il y en a vne tres-grande quantité qui ſont ronds comme des petites boules; d'autres aſſez ſubtils pour remplir les eſpaces que ces boules laiſſent entre entr'elles ; & d'autres encore que leurs figures irregulieres embarrassent de sorte les vns dans les autres, qu'ils peuuent composer les plus grandes masses.

J'ajoutois à cela, qu'examinant les diuers changemens que peut auoir souffert successiuement la matiere ou l'assemblage de tous ces corps, Monsieur Descartes montre, qu'il se peut estre formé plusieurs masses de differentes grandeurs d'vne figure approchante de celle de la terre, au dessus desquelles il fait voir, qu'il a deu rester quantité de particules, les vnes semblables à celles qui composent l'eau, & les autres semblables à celles qui composent l'air. Que cet amas de terre, d'eau, & d'air, a deu estre meslé

& entouré d'vn nombre presque infiny de ces petits corps faits en globules, & de ces autres plus subtils qui en doivent remplir les interuales. Et qu'enfin Monsieur Descartes repete souuent, que Dieu entretient dans vn mouuement continuel cette matiere subtile, qui autrement ne pourroit estre meüe.

Or tout cela, si vous y prenez garde, n'est autre chose que d'écrire philosophiquement, & auec assez d'exactitude pour en faire connoistre les moindres circonstances, les mesmes merueilles que Moyse a décrites historiquement en ces quatre lignes.

CREATION.

Dieu crea d'abord le Ciel, & la Ter-Terre. Or la Terre estoit inutile & ne raportoit rien, parce qu'elle estoit toute couuerte d'eaux profondes : Les tenebres estoient sur toute la face de cet Abisme, & le Seigneur agitoit vne matiere subtile au dessus des eaux.

Qui voudra bien examiner ce qu'à dit le Prophete, verra que c'est la mesme chose que le Philosophe a tâché d'expliquer.

PREMIER JOVR.

QVe si on veut suiure l'vn dans le progrez de ses Raisonnemens, & l'autre dans le progrez de son Histoire ; on pourra juger que c'est de Moyse que Mon

Monſieur Deſcartes auoit appris, que la Lumiere a eſté faite auant le Soleil ; du moins on verra, que cét endroit de la Geneſe, qui depuis tant de ſiecles a mis tous les Eſprits à la torture, ſe trouue heureuſement expliqué, & ſuiuant la lettre, par les Principes de Monſieur Deſcartes.

Moyſe ayant fait voir la Terre infertile à cauſe des eaux qui l'enuironnoient, & la matiere celeſte inutile, parce que les mouuemens n'en eſtoient pas reglez ; fait voir enſuite, que Dieu qui ne fait rien en vain, commença, pour ordonner toutes ces choſes, par la creation de la Lumiere. Il s'exprime magnifiquement à ſon ordinaire, & fait parler le Seigneur en cette occaſion d'vne façon qui eſt capable

ble toute ſeule de perſuader, que c'eſt le Seigneur meſme qui le fait parler ainſi.

Voicy ſes termes : *Dieu dit que la Lumiere ſoit, & la Lumiere fut.* Il ajoute, Que le Seigneur trouua ſon Ouurage excellent ; Qu'il diuiſa la lumiere des tenebres ; & Qu'il donna le nom de Jour à la Lumiere, & celuy de Nuict aux Tenebres.

Il n'y a perſonne de bon ſens qui ne voye, que Moyſe ayant expoſé, que d'abord Dieu crea le Ciel & la Terre, & que des corps aſſez ſubtils pour eſtre appellez Eſprits eſtoient portez çà & là, ne comprenne, que tous les corps eſtoient déja créez : Qu'il entretenoit deſlors dans toute la matiere autant de mouuement qu'il

en

en conſerue maintenant ; & que ce qu'il a fait dans toute la ſuite des ſix Jours , n'a eſté que pour ordonner ces corps déja créez, & pour en regler tous les mouuemens.

De ſorte que ſi en parlant comme vn Hiſtorien, Moyſe a marqué le premier Jour de cette ordonnance admirable par la formation de la Lumiere; cela nous ſignifie ſeulement , que Dieu diſpoſa les corps , comme il faloit qu'ils le fuſſent, pour produire ce merueilleux effet , ce qui ſuffiſoit à l'Hiſtorien : mais le Philoſophe a deu expliquer, comment ces corps ont deu eſtre diſpoſez pour cela.

C'eſt pourquoy choiſiſſant entre toutes les figures celles qui pouuoient le mieux conuenir aux petits

petits corps qui causent la Lumiere ; & voyant que ceux qu'il auoit depeints comme des globules estans mûs en certain sens, satisfairoient necessairement à tout ce qu'on a reconnu des rayons que fait la Lumiere ; Monsieur Descartes a supposé qu'il s'estoit formé differens tourbillons de ces petits corps ronds, & que plusieurs tournans autour d'un même centre, une partie de la matiere, qui remplit leurs interuales, s'estoit rassemblée vers le centre, d'où elle avoit poussé les globules qui l'environnoient ; ensorte que ce pressement des globules avoit fait de la lumiere en tous les endroits, où il s'étoit trouvé un suffisant amas de matiere subtile.

Mais il ajoute, que comme en

ce commencement, il n'y avoit pas encore un grand nombre de ces plus ſubtiles parties dans les centres des tourbillons, l'action qui preſſoit les globules ne s'étendoit pas loing; de ſorte que les endroits où ſon effet ne pouvoit parvenir, demeuroient en tenebres, tandis que les autres étoient déja éclairez; ce qui convient merveilleuſement à l'effet que Moyſe donne à la premiere parole du Seigneur, laquelle ſepara la lumiere des tenebres, dés qu'elle commença de la former: Par là auſſi on peut dire, ſuivant la Geneſe, que la Nuit eſtoit où les tenebres eſtoient reſtées, & le Jour où la Lumiere avoit commencé.

Il eſt à propos, M. R. P. que vous

vous obſerviez, que par ce mot de Lumiere, on ne doit entendre icy que ce qui eſt cauſe, que les corps, qu'on nomme luminaires, excitent en nous le ſentiment qui nous les fait appercevoir, & non pas le ſentiment même.

On confond ſouvent ces deux choſes, & c'eſt aſſeurement de là, que viennent tous les doutes qu'on a ſur ce ſujet. Mais il me ſemble, qu'en ce que Moyſe a écrit de la Lumiere, il eſt evident qu'il n'a voulu parler, que de ce qui ſe rencontre de la part des corps, & non point de l'effet qu'elle produit dans les ſujets capables d'en avoir le ſentiment; puiſqu'il eſt certain, ſelon ce Prophete, que lors que ce qu'il appelle Lumiere fut creé, il n'y avoit encore aucune de toutes les creatures, que l'on croid capables de ſentir.

Je vous prie d'obſerver en paſſant une ſeconde choſe, qui eſt, que ce ſentiment que nous avons à l'occaſion des corps lumineux, eſt tellement de la part de noſtre Ame, & ſe rapporte ſi neceſſairement au mouvement de certaines parties de noſtre cerveau, que bien ſouvent, ſans que les nerfs de nos yeux ſoient excitez par aucun corps lumineux, nous avons le ſentiment de la lumiere. Ainſi dans les ſonges, le cours fortuit des Eſprits émouvant ces parties de noſtre cerveau, dont l'ébranlement eſt inſtitué pour exciter en nous ce ſentiment, nous fait voir clairement des objets qui ne ſont pas preſens : Et par la meſme raiſon

ſon ceux, qui marchans dans un lieu bien ſombre, ſe heurtent la teſte contre le mur, ſont ſujets à voir mille feux. D'où nous devons conclure, que ces mouvemens du cerveau, qui n'ont rien de ſemblable aux penſées qui viennent en l'Ame à leur occaſion, peuvent eſtre excitez par d'autres corps, que par ceux qu'on appelle lumineux. Mais il a eſté fort à propos de ne donner ce nom qu'à des corps, dont la figure & le mouvement fuſſent ſi proportionnez à la delicateſſe de nos yeux, que leurs nerfs peuſſent en eſtre ébranlez ſans douleur, & ſans danger pour les autres parties de noſtre corps. En quoy il me ſemble que Monſieur Deſcartes a merveilleuſement bien reüſſi, n'eſtant pas poſ-

 ſible

ſible d'aſſigner aux corps lumineux de figure plus propre, que celle qu'il leur donne, ny de mouvement plus convenable, que celuy qu'il leur attribue.

SECOND JOVR.

MOyſe raportant ce qui ſe paſſa le ſecond Jour, pour la formation du Firmament, s'exprime en ces termes : *Dieu dit, que le Firmament ſoit au milieu des eaux, & qu'il les ſepare les unes des autres* : Il ajoute qu'auſſitoſt le Firmament fut fait, & que les Eaux furent ſeparées des eaux, en ſorte qu'il y en eut au deſſus & au deſſous du Firmament, qu'il appella LE CIEL.

Pour entendre comment les Eaux ont eſté ſeparées les unes des

des autres par la formation du Firmament, ſuivant la penſée de Monſieur Deſcartes, il ne faut que dire ce qu'il croit des Eaux, & ce qu'il croit du Firmament.

Ceux qui ont un peu leu ce qu'il en a écrit, ſçavent qu'apres avoir conſideré tous les divers effets de l'eau, il a penſé que les particules qui la compoſent devoient eſtre unies, longues, & pliantes, & que par cette ſeule ſuppoſition il a rendu raiſon de tout ce qui arrive à l'eau, ſoit qu'elle coule, ſoit qu'elle s'étende dans un vaſe, ſoit qu'on la voye en gouttes, ſoit qu'elle forme de l'écume, ſoit qu'elle s'éleve en vapeurs, ou que reſtée ſans mouvement elle paroiſſe en glace, ou en neige.

On ſçait auſſi qu'il s'uppoſe

qu'il y a eu un grand nombre de ces particules, fort unies, & fort pliantes, mélées à d'autres particules, dont la plusspart avoient des figures si embarrassantes, que leur assemblage ne pouvoit former que des masses dures.

Enfin, on sçait qu'il suppose, que ces dernieres particules ont esté la matiere de plusieurs masses à peu prés semblables à la terre, & comme ces masses n'ont pû estre bien solides & bien dures, que par un extreme pressement des particules rameuses qui les composent; il est évident que les particules d'eau, qui y estoient mélées, en ont esté chassées, & qu'ainsi les superficies de ces grandes masses en ont deu estre toutes couvertes.

Cela posé, il faut maintenant obseruer

obſeruer, que ſelon Monſieur Deſcartes la formation du Firmament n'eſt autre choſe, que le parfait arrangement de tous les tourbillons, dont j'ay déja parlé au ſujet de la Lumiere : leur nombre eſt ſi grand, & l'eſpace qu'ils rempliſſent ſi immenſe, que ſi le mot de Firmament, ſelon la plus veritable interpretation, ſignifie une vaſte eſtendue ; rien ne merite mieux ce nom que leur aſſemblage. Mais comme on ne doit marquer le temps de la formation de chaque choſe, que par le moment qui luy donne ſa perfection; Monſieur Deſcartes ayant ſuppoſé, que l'aſſemblage de tous les tourbillons n'eſtoit pas encore bien ordonné, lorſque la lumiere commença, ny leur mouvement

bien

bien libre, ne marque le temps de la formation du Firmamament, qu'au moment qu'ils ont esté si bien ajustez, que l'écliptique des uns repondant aux poles des autres, ils ont commencé de mouvoir entr'eux d'un mouvement tout à fait libre, & tellement concerté, que pas un n'a receu d'obstacle de tous ceux qui l'enuironnoient.

C'est en cet instant que suivant son hypothese, les masses qui se sont rencontrées dans le mesme tourbillon où la Terre estoit, ont commencé d'en estre separées par la matiere du tourbillon qui s'est coulée entr'elles, & qui les a tenues plus ou moins éloignées du centre, selon la difference de leur grosseur, ou de leur solidité. Or comme

comme nous avons remarqué, qu'elles estoient toutes couvertes de leurs eaux, & que la matiere des tourbillons, qui selon cette doctrine est la matiere du Firmament, les a separées de la terre, il a esté vray de dire suivant la mesme doctrine, aussi bien que suivant la Genese, que les eaux ont esté separées des eaux par la formation du Firmament.

Ainsi, Monsieur Descartes, qui semble toujours suivre Moyse, dispose les eaux de sorte, qu'il y en a au dessus, & au dessous du Firmament; car on sçait, que ce que le Prophete appelle en cet endroit le dessous, est la terre que nous habitons, & que tout ce qui en est separé par la matiere celeste, se peut dire, à nostre égard, eſtre au deſſus du Firmament.

Je n'explique pas cela plus au long , & je n'examine point combien ces differens Reſervoirs d'eaux, que Monſieur Deſcartes met en differentes parties du Ciel, repreſentent bien ces cataractes, dont le Seigneur tira, dans les jours de ſa colere, dequoy inonder toute la Terre.

Je ne fais point auſſi de reflexion ſur les changemens qui ſont arriuez à la Terre par cette ſurabondance d'eaux. C'eſt peuteſtre la cauſe des nuages, des pluyes, & de la premiere apparition de cet admirable Phenomene, dont le Seigneur ſe ſervit, pour aſſeurer Noë contre les frayeurs d'un nouveau Deluge, lors qu'il luy promit de fermer pour jamais les cataractes ſtes qu'il avoit ouverts pour ſa vengence, mais cela nous meneroit trop loing.

TROISIEME JOVR.

AU troiſiéme jour Moyſe remarque, que les eaux couvrans tout le rond de la Terre, il fut à propos de les aſſembler en certains lieux; afin que les autres demeurans à découvert, elle pût produire des herbes, des plantes, & des arbres de tout genre. Il dit, que la même parole qui avoit operé les merveilles des jours precedens, opera encore celle-là. A quoy il ajoute, que ce qui parut à ſec, fut appellé Terre, & que l'aſſemblage des eaux, fut appellé Mer.

Or il eſt évident que ſi la Terre

fut demeurée parfaitement ronde, les Eaux n'auroient pu estre assemblées en des endroits, pour en laisser d'autres à sec. Ainsi il faut croire, que le même jour qui vit la separation des eaux sur la Terre, vit aussi la formation des colines & des montagnes, & que certaines parties de la Terre s'élevans au dessus des autres, laisserent des valées entr'elles pour lict aux eaux, & des creux au dessous de leurs élevations, pour recevoir une quantité d'eau, approchante de celle qui ne devoit plus paroistre : C'est ainsi que Monsieur Descartes explique la chose. Il explique aussi comment la Terre a pu produire les herbes, les plantes & les arbres, & comment les differens sucs qui sont agitez dans

dans le ſein de la Terre, s'inſinuent dans les diverſes ſemences, dont les pores ſont ajuſtez à leur figure.

Je vous prie en cet endroit, M. R. P. de remarquer, que Moyſe ne dit point, que Dieu ait fait d'ame pour les plantes ; il dit ſeulement, que la Terre renduë feconde, par la parole du Seigneur, les a produites. Cependant les Philoſophes, qui ont toûjours eu recours à des ames, quand ils ont voulu expliquer les effets de certains corps organiques, dont ils ne pouvoient démêler les reſſorts, en ont donné une à chaque plante. Ils ont creu qu'il eſtoit impoſſible d'expliquer la vegetation ſans cela : Mais Monſieur Deſcartes ſans rien ajouter à l'Ecriture où Moyse a parlé des plantes, de leurs semences, de leur accroissement & de leurs fruicts sans y parler d'ame, a creu qu'il n'en faloit point supposer pour rendre raison de leur nourriture, & il a montré si clairement, que la vegetation se faisoit par le mouvement local des parties qui arrivent de nouveau, & par le rapport de leur figure auec les pores de la plante, à l'accroissement de laquelle elles sont propres, que je crois pouvoir assurer, qu'il n'y a aucune personne un peu acoutumée au raisonnement qui n'avoüe, apres avoir examiné ce qu'il dit sur ce sujet, qu'il ne reste pas la moindre apparence de soutenir, que les plantes ayent des ames.

Vous sçavez pourtant que quelques

ques-uns veulent encore ſoutenir qu'il y a des ames vegetatiues; Mais enfin M. R. P. qui les peut autoriſer ? ce n'eſt pas la Raiſon: Elle perſuade à tous qu'il ne faut point multiplier les Eſtres ſans neceſſité, & puiſque l'on reconnoiſt manifeſtement, que la figure & le mouvement peuvent eſtre les cauſes entieres de la vegetation ; il ne faut pas inutilement recourir à des ames.

Ce ne peut eſtre auſſi l'autorité, ny des hommes, ny de l'Ecriture ſainte : car celle des hommes ne peut eſtre conſiderable contre l'evidence des notions naturelles, & contre les experiences par leſquelles cette erreur eſt convaincue. Pour celle de l'Ecriture ſainte, il eſt manifeſte qu'elle n'eſt pas pour eux, & l'on n'y voit rien qui approche de ce qu'ils veulent attribuer aux plantes, ny de cette ame qu'ils appellent vegetative.

QVATRIEME JOVR.

LA quatriéme parole forma deux grands luminaires dans le Firmament, pour diviser entierement le Jour de la Nuit, & marquer la difference des Jours, des Saisons, & des Années. La même parole forma aussi les Etoiles suivant l'Histoire de Moyse.

Monsieur Descartes expliquant cela par les moyens naturels, dit que les tourbillons differens, qui s'étoient formez de toute la matiere celeste, ayans esté ajustez les uns aux autres, comme il estoit plus commode pour la continuation

tion de leurs mouvemens, il coula tant de la matiere la plus subtile vers le centre de chacun, par le pressement des globules qui tendoient à s'en éloigner, qu'enfin chacun des tourbillons eut au milieu de soy une si grande quantité de cette matiere, qu'elle fut capable de repousser les globules jusques aux extremitez du tourbillon, & former par cette action des rayons, comme ceux dont l'effort nous fait voir le Soleil si brillant.

Il ajoute, que cette matiere subtile assemblée au centre de chaque tourbillon, put avoir assez de force pour pousser les globules des tourbillons voisins, & pour y rendre son action sensible. Si bien que selon cet Auteur, ce brillant amas de matiere ſubtile, qui ſe forma dans le centre du tourbillon, où la Terre eſtoit, fut à ſon égard le plus grand Luminaire, ou ſi vous voulez, le Soleil: ceux qui ſe formerent dans les autres tourbillons furent les Etoiles; & celle de toutes les grandes maſſes, qui ſe trouva la plus proche & la mieux diſpoſée à repouſſer vers elle la lumiere du Soleil, fut le moindre Luminaire, ou ſi vous voulez la Lune. Ie n'en dis pas davantage, & l'on ſçait ſi communement, que la difference des Jours, des Nuits, & des Saiſons vient de la differente ſituation, où ſe rencontrent la Terre, le Soleil, & les autres Aſtres, que je ſerois ennuyeux de repeter icy ce que Monſieur Deſcartes écrit ſur ce ſujet.

CINQ ET SIXIEME JOURS.

LE cinquiéme Jour Dieu dit: *Que les Eaux produisent tout Reptile ayant ame vivante, & tout Volatile.* Et le sixiéme, il dit: *Que la Terre produise ame vivante selon son genre, Reptiles & Bêtes.* Je n'ajoute pas le reste, car il suffit de dire que Dieu le voulut pour faire entendre que cela fut ainsi.

Cet endroit nous apprenant, que si l'on peut dire, que les Poissons & les autres Bêtes ayent des ames, ces ames sont produites par les eaux ou par la terre. Monsieur Descartes a creu avec raison, que ce qu'on appelle ame icy, n'est autre chose, que des petits corps ajustez de sorte aux organes des Poissons & des autres Bêtes, tres, qu'ils les font croiſtre, vivre & mouvoir.

Il a merveilleuſement expliqué à ce ſujet la circulation du ſang, la maniere dont il s'échauffe dans le cœur, comme il coule dans les arteres, dont les pores differens laiſſent échaper des particules, que leur figure rend propres à la nourriture des membres, & comment les plus delicates parties de toutes ſe dévelopent des autres pour monter au cerveau, d'où elles ſe diſtribuent dans les muſcles, & vont ſervir au mouvement de tout le corps.

Il explique ſi nettement toutes ces choſes par la ſeule figure, & le mouvement des petits corps, & par la diſpoſition des organes, qu'il n'en peut reſter aucun doute.

te. Et afin que l'on ne s'étonne pas de ce qu'il dit de la ferveur du ſang, dont il fait le reſſort principal de toutes ces fonctions, qu'on appelle ordinairement vitales & animales ; il prouve que cela doit neceſſairement arriver par les corps, ſans qu'il ſoit beſoin d'aucune ame, ajoutant à ſes raiſonnemens l'exemple de certaines liqueurs, qui ſont froides au toucher quand elles ſont ſeparées, & qu'on voit s'échaufer tout d'vn coup juſques à boüillir, dés qu'elles ſont mélées enſemble. Comme cette ferveur arrive aux liqueurs, qu'on ne ſoupçonne pas d'avoir des ames; Monſieur Deſcartes n'a ce me ſemble rien étably que de raiſonnable, quand il a dit, que la ferveur du ſang, jointe

à

à la diſpoſition, & au rapport des organes, pouvoit ſans ame cauſer la nourriture, & le mouvement des Bêtes.

Il me ſemble même qu'il a eu raiſon, voyant que ce que la Vulgate appelle ame vivante, eſtoit produit par les eaux, ou par la terre, de croire que ces ſortes d'ames n'eſtoient que des corps : Et veritablement il y a tant de paſſages par où l'on peut connoiſtre que ça eſté la penſée de Moyſe, qu'il eſt étonnant de voir, que quelques vns en doutent encore.

Je vous fatiguerois M. R. P. de vous les rapporter tous, mais je vous ſupplie de faire un peu de reflexion ſur le dixſeptiéme Chapitre du Levitique, vous y verrez parfaitement ce qui anime la chair

chair & les Bêtes ; *Anima omnis carnis in ſanguine eſt.* Le Prophete dit, que *L'ame de toute chair eſt dans le ſang :* & c'eſt ce que dit Monſieur Deſcartes. Mais dans le Chapitre douziéme du Deuteronome, Moyſe uſe d'un autre tour pour faire entendre que les Bêtes n'ont point d'autre ame que le ſang. *Hoc ſolum caue ne ſanguinem comedas ; ſanguis enim eorum pro anima eſt. Prenez garde*, dit-il, *de n'en pas manger le ſang, car leur ſang eſt leur ame ;* Et afin qu'on l'entende mieux encore ; il ajoute : *Et idcirco non debes animam comedere cum carnibus, ſed ſuper Terram fundes quaſi aquam. Et cela eſtant*, dit-il, *vous n'en devez pas manger l'ame avec les chairs, mais vous la verſerez en terre comme de l'eau.*

l'eau. N'eſt-il pas vray M.R.P. que ces ames que la terre produit, que l'on peut manger, & que l'on peut répendre ſur la terre comme de l'eau, ont grand droit d'eſtre comptées entre les corps ?

Je demeure bien d'accord que le ſang, quand il eſt échauffé s'exhale en parties fort delicates, & que ce ſont ces parties delicates, qui font la nourriture & le mouvement. Mais quelques delicates qu'elles ſoient, ce ſont des corps, & elles ne tiennent pas plus du ſpirituel, que la flamme qui eſt composée de parties encore plus ſubtiles, & qu'on ne s'eſt jamais aviſé d'appeller ſpirituelle.

Je m'étonne, pour moy, que ceux qui ont donné des ames à tout ce qui ſe nourrit ; n'en ont

pas

pas donné à la flamme, qui convertit en elle tous les corps ausquels elle s'attache : Et pour mieux dire, je m'étonne comment on a pu attribuer à des ames la cause de la nourriture & du mouvement, veu qu'on ne voit que les corps capables d'estre mûs, & que la nourriture n'est qu'une addition de corps à d'autres corps. Mais sans donner tant au Raisonnement, n'est-il pas visible M.R.P. que Moyse, qui en doit estre creu, ne reconnoist pour cause du mouvement & de la nourriture des Bêtes, que le sang ? Je ne pense pas que cela se puisse contester par ceux qui voudront prendre la peine de l'examiner.

Mais afin que vous connoissiez mieux la force de tous ces passages, que je n'ay pris jusques icy que selon la Vulgate, & qui suivant cette version ne laissent aucune difficulté, bien qu'on y ait employé le mot d'ame; je me veux seruir d'vn moyen qui sera puissant sur vostre Esprit, & qui pourra vous persuader mieux que tout autre.

Vous sçavez plus d'une langue, M. R. P. & entr'autres vous sçavez l'Hebreu que je ne sçay pas: Cependant je vous diray qu'il y a quelque temps, que faisant reflexion sur cet endroit de l'Ecriture, où il est parlé de l'ouvrage du cinquiéme Jour, & de celuy du sixiéme; il me parut tant de difference, entre la maniere dont la formation des brutes & celle de l'homme a esté faite, que je crûs

(quel

(quelque mot dont on se soit servi dans la Vulgate) qu'il faloit que l'on eust employé dans l'Hebreu des termes fort differens.

Je voyois que la Vulgate dit, que les brutes ont une ame vivante, & qu'elle employe le mesme mot pour signifier la vie de l'homme; Mais je voyois qu'outre cette ame vivante, que la Vulgate attribue à l'homme comme aux brutes, elle ajoute qu'il a esté fait à l'image de son Auteur, que je sçavois estre un pur Esprit. D'où je concluois que cette ressemblance ne se pouvant tirer du corps, puisque son Auteur n'en a point, il faloit necessairement qu'elle se tirast de quelque chose d'un Ordre superieur, & en un mot, de l'Esprit. A cela je joignois

 ce

ce que la Vulgate exprime en parlant de l'homme au second Chapitre de la Genese, où je voyois que le Seigneur qui l'avoit fait vivant comme les Bêtes, luy avoit inspiré quelque chose que les Bêtes n'avoient pas, & qui me sembloit devoir estre en luy le principe d'vne vie toute differente de la leur, & la cause de cette avantageuse ressemblance qu'il devoit avoir avec son Auteur.

Toutes ces choses me persuadoient déja beaucoup à l'avantage de l'homme : mais croyant que je pourrois mieux découvrir le sens de ces passages, en me les faisant expliquer sur l'Hebreu ; j'eus recours à Monsieur de Compiegne, que l'on connoist pour le plus habile que nous ayons en cette langue.

gue. Je le priay de me faire la version du premier & du second Chapitre de la Genese, & dans cette version j'ay trouvé la preuve entiere de ce que j'ay toujours pensé, & de ce que Monsieur Descartes avoit écrit sur ce sujet. Car j'ay veu, qu'à l'endroit de la generation des Poissons, & des autres Brutes, où la Vulgate dit, que l'eau & la terre ont produit des ames vivantes, mon Traducteur dit, que la terre & l'eau ont produit des indiuidus vivans; ce qui porte un beau sens, & fait que la chose s'exprime d'une maniere bien plus concevable: car il est fort intelligible que la terre & l'eau ayent produit des individus vivans, c'est à dire, qu'elles ayent esté ajustées de sorte, par la main puissante du Seigneur, qu'elles ayent formé des corps organiques, qui estans propres à la nourriture & au mouvement, en quoy consiste toute la vie des corps, ont deu estre appellez viuans; mais qui ne pouvans estre diuisez sans estre entieremét détruits, ont deu estre appellez Individus.

En second lieu, je vois à l'endroit où il est parlé de la formation de l'homme, que non seulement il a esté formé de boüe par les mains du Seigneur, & qu'il est devenu par ce moyen un Individu vivant comme les Bêtes, mais outre cela je vois qu'avec cét Individu, ou corps organique qui le fait nourrir & mouvoir comme les Bêtes, il a receu une autre chose que mon Interprete appelle *Mentem*,

Mentem, & que j'appelle Esprit, ou Pensée.

Tellement que comme il n'est point parlé d'ame pour les plantes dans la version Vulgate, ainsi que je l'ay remarqué, il n'en est point aussi parlé dans l'Hebreu pour les Brutes. Il n'est point dit non plus qu'elles ayent de sentiment (ce que je vous prie encore d'observer) mais seulement il est dit, qu'elles ont la vie & le mouvement. Et parce que cette vie & ce mouvement dependent de l'arrangement, & de la correspondance de plusieurs organes, dont la diuision empescheroit l'effect; Moyse pour signifier cet assemblage par un seul mot, use de celuy de נֶפֶשׁ qui veut dire individu.

Mais

Mais ce que nous devons sur tout considerer, c'est que le même Prophete veut si bien faire entendre, que l'homme a un corps organisé comme les brutes, & que ce corps vit par les mesmes principes qui font vivre les brutes, qu'apres avoir dit, que l'Individu de chaque Bête fut produit par l'eau ou par la terre, il dit que celuy de l'homme fut aussi formé de boüe. Et pour nous faire conçevoir que cette boüe qui estoit auparavant divisible sans peril, fut arrangée de sorte qu'elle devint un individu, comme chacun des autres corps vivans; Il s'exprime par le même mot dont il s'est servi en parlant des Bères; Et en même temps il ajoute, que le Seigneur inspira à cet individu vivant,

vivant, dont il vouloit ſaire un homme, une choſe qu'il exprime par le mot de נְשָׁמָה qui veut dire Eſprit ou penſée.

Cela me paroit ſi fort, M. R.P. qu'il ne me ſemble pas qu'il puiſſe reſter aucun ſcrupule ſur ce point, touchant ce que nous avons à croire d'oreſnavant des brutes & de l'homme. Moyſe nous fait concevoir clairement, que les brutes vivent & meuvent, parce que le ſang, & l'ajuſtement de leurs organes, fait de chacune d'elles un corps individu, qui demeure propre à ces deux effets, tandis que ſon arrangement dure: Pourquoy leur attribuer autre choſe que ce corps individu, qui peut rendre raiſon de leur vie, & de leur mouvement?

D'ailleurs

D'ailleurs, le Prophete ne dit point qu'elles ayent de ſentiment. Pourquoy feignons nous qu'elles en ayent ? ou du moins quel danger y a-il d'aſſurer qu'elles n'en ont pas ?

Enfin cet homme inſpiré de Dieu pour noſtre inſtruction, nous apprend que les brutes n'ont que ce que le corps peut avoir, & que nous avons un corps comme elles. Mais il ajoute, qu'avec cela nous avons un Eſprit, ou ſi vous voulez une ame, que l'on ſçait eſtre ſeule capable de ſentir, de juger, de vouloir, & de toutes les autres façons de penſer. Pourquoy d'onc n'aſſurerons-nous pas que les brutes n'ont que le corps, & qu'elles ne ſentent point ? Et pourquoy ne dirons nous pas, qu'avec un un corps ſemblable à celuy qu'el-les ont, qui ne nous fait point reſ-ſembler à noſtre Auteur, nous avons une ame, qui nous donne le merveilleux avantage de luy reſſembler, autant que cela peut convenir à des creatures.

Apres cela, M. R. P. ſi vous me dites encore, que l'opinion de Monſieur Deſcartes eſt dangereu-ſe, en ce qu'elle fait vivre & mou-voir les brutes ſans ame ; je vous repondray que l'hiſtoire de Moy-ſe eſt donc bien dangereuſe, puis qu'elle nous apprend la même choſe.

Mais ſi apres avoir veu, combien Moyſe ſepare en l'homme ce qui le fait vivre & mouvoir, d'avec ce qui le fait penſer ; vous exa-minez comment le Symbole de

Saint Athanase, que nous lisons tous les jours, comme la Regle de nostre Foy, definit l'homme, vous verrez qu'il dit, que la chair, & l'ame raisonnable, le font tout ce qu'il est ; Il ajoute, que comme ces deux substances toutes differentes qu'elles sont, ne font qu'un même homme ; ainsi Dieu & l'Homme ne font qu'un même Christ. Mais comme en JESUS-CHRIST il n'est pas permis, quelque que soit l'union de ces deux natures, de les confondre pour attribuer à l'une ce qui vient de l'autre ; Il y a toujours un extrême danger de confondre dans l'homme les deux substances qui le composent, & les fonctions qui dependent de chacune d'elles.

Ceux qui donnent au corps le

senti

ſentiment, ou d'autres perceptions qui ne peuvent convenir qu'à l'ame, ſont ſujets à croire, que l'homme, comme les bêtes, n'a que le corps. D'autre coſté ceux qui penſent, que l'ame eſt ce qui cauſe la nourriture & les mouvemens en l'homme, ſont ſujets à croire que les bêtes, qui ſe nourriſſent & ſe meuvent, ont une ame comme luy; & quand il n'y a plus de difference entre les ames que du plus au moins, il y a un Axiome qui diſant que le plus & le moins ne changent pas l'eſſence, fait qu'on s'acoutume bien-toſt à croire, que ſi tout perit en la bête par la mort, il ne reſte rien auſſi de l'homme quand il a perdu la vie.

Pour moy, M. R. P. je ne doute nullement que ce qui s'eſt dit des ames vegetatives, & des ames ſenſitives qu'on attribue aux plantes & aux bêtes , n'ait fait croire aux Impies, que celles qu'on attribue aux hommes, pouvoient eſtre de même nature.

Si ma Lettre n'eſtoit déja trop longue, je pourrois vous expliquer les plus étonnantes fonctions des Brutes , par la ſeule conſtruction de leurs organes, comme on vous explique toutes les operations d'une Montre , par l'arrangement de ſes parties , & vous montrer qu'il n'y a de difference entre les machines artificielles, & les naturelles , qu'en ce que l'Auteur de la Nature eſt plus grand ouvrier que les hommes , & qu'il a ſceu appliquer les unes aux autres des parties plus delicates & plus mobiles,

les, que ne ſont celles dont nous composons ordinairement nos machines. Je pourrois auſſi vous démontrer qu'il n'y a rien qui nous ſoit connu dans les Brutes, même dans le Singe, que l'on ne puiſſe expliquer par le corps, & qu'en l'Homme il y a des penſées, que toutes les diverſitez qu'on peut imaginer dans les figures & les mouvemens ne peuvent expliquer. Mais je paſſerois les bornes que je me ſuis preſcrites, & il me ſuffit de vous avoir fait voir, que Monſieur Deſcartes a toujours ſuivi Moyſe, pour vous faire avoüer, que ſa Philoſophie n'a rien de dangereux.

Je veux pourtant bien vous avoüer que la formation du Monde, ſelon Monſieur Deſcartes, ſemble avoir quelque choſe de different de celle de Moyſe. Mais quand vous aurez conſideré le deſſein du Prophete, & celuy du Philoſophe ; vous avoüerez, que cette difference ne doit pas faire dire, que l'un ſe ſoit détaché de l'autre.

Moyſe a ſans doute expliqué la choſe comme elle s'eſt faite. Il a fait créer la Terre, les Eaux, les parties Celeſtes, puis la Lumiere, & le reſte : En ſorte que quand le Soleil a eſté formé, la Terre eſtoit déja enrichie de fruits, & parée de fleurs. Au lieu que Monſieur Deſcartes fait le Soleil cauſe, non ſeulement des fruits & des fleurs, mais encore de l'aſſemblage de pluſieurs parties aſſez interieures de la Terre. Il ne la fait même for-

mer

mer que long-temps apres le Soleil, bien que l'Ecriture marque, qu'elle a esté creée long-temps auparavant.

Mais il faut prendre garde à deux choses. La premiere est, que Monsieur Descartes luy-même a dit, que son hypothese estoit fausse, en ce qu'il suppose, que la formation de chacun des Estres s'est faite successivement ; & qu'il assure, que cette maniere estant peu convenable à Dieu, il faut croire, que sa toutepuissance a mis chaque chose dans l'estat le plus parfait où elle pouvoit estre, dés le premier moment de sa production.

La seconde est, que Monsieur Descartes n'a dêu, comme Philosophe, expliquer que la raison pour laquelle les choses se conservent comme elles sont, & les effets differens que nous admirons maintenant en la Nature. Or comme il est certain, que les choses se conservent naturellement par le même moyen qui les a produites; il estoit necessaire, pour éprouuer si les Loys qu'il s'uppose, que la Nature suit pour se conserver, sont veritables, qu'il examinât si ces mesmes Loys eussent pû la disposer comme elle est: Et trouvant que selon l'Histoire de Moyse même, bien que le Soleil ait esté formé depuis la Terre; c'est neantmoins par le Soleil, que Dieu conserve la Terre comme elle est maintenant, puisque sa chaleur est cause de toutes les productions, & de tous les changemens

mens qui arrivent en elle : Il faloit que Monsieur Descartes montrât que ce même Soleil auroit pû la mettre en l'estat où nous la voyons, si Dieu ne l'y avoit mise en un instant par sa Toutepuissance.

A la verité, la maniere dont Monsieur Descartes décrit que le Soleil a disposé la Terre, est successive, ce qu'il avoüe, ainsi que je l'ay déja remarqué, estre peu conuenable à Dieu quand il produit. Mais enfin, comme ce que Dieu fait en conservant le Monde, est successif, & le doit estre, afin que chaque chose ait une certaine durée; il a esté à propos que nostre Philosophe examinât si les principes qu'il établissoit pour rendre raison de la durée de tous les

les Estres naturels, auroient pû les produire par succession de temps: ce qu'il a executé avec une justesse qui me paroit incomparable. Ainsi Monsieur Descartes n'a rien fait en cela qui soit contraire au dessein de Moyse.

Moyse sçavoit que c'est par le Soleil, que Dieu conserve la Terre, & les Estres naturels, du moins ceux qui sont les plus proches de nous: mais de peur qu'on ne creut, que cet Astre fut la cause de tout, ce Prophete a voulu precisement, que l'on sceut que la Lumiere, qui est celle de toutes les creatures qui depend la plus du Soleil, a esté faite avant luy: & cela estoit necessaire pour marquer à ceux qui sçauroient ces merveilles, que Dieu les a toutes operées par sa seule

ſeule volonté ; & que s'il les conſerve maintenant avec une eſpece de dependance entr'elles , neanmoins elles ne ſe doivent point l'eſtre, ny la conſervation les unes aux autres, mais à Dieu ſeul.

De ſon coſté, Monſieur Deſcartes, qui avoit à expliquer cette correſpondance que Dieu a miſe entre les Eſtres naturels, & qui devoit rendre raiſon par le Soleil, de tout ce qui ſe fait dans la partie du Monde qui nous eſt la plus connue , ne pouvoit mieux nous faire entendre, combien le Soleil eſt bien diſpoſé par la premiere Puiſſance a entretenir l'état naturel de tout ce que nous voyons , qu'en montrant, que ſuivant cette même diſpoſition , le Soleil auroit pû mettre par ſucceſſion de

temps

temps noſtre Monde en l'eſtat où il eſt, s'il n'avoit eſté plus à propos de former toutes les creatures dans un ordre tout contraire à celuy que deſiroit la dependance qui eſt maintenant entr'elles,& de former chacun des Eſtres d'une maniere, qui fit connoitre que comme l'Auteur du Monde n'avoit eu beſoin de rien pour tout faire; il n'avoit pas beſoin de temps pour produire aucune des choſes que nous admirons.

Enfin M. R. P. ſi vous conſiderez,que la même Sageſſe, qui mit le premier homme en ſon eſtat le plus parfait dés le moment de ſa production, ſoûmit ſa conſervation aux mêmes Loys, dont il a fait dependre la formation de ceux qui ſont nez de luy, & que

pour

pour bien connoitre la nature de l'Homme, il seroit bien plus commode d'examiner les differens changemens qui arrivent en la semence, depuis la conception jusques à la naissance de ceux qui sont engendrez, que d'examiner la miraculeuse formation de celuy, que la Toutepuissance acheva en le commençant. Vous trouverez sans doute, que pour bien sçavoir si ce qu'on pense des Loys qui conservent l'ordre de la Nature est veritable; il n'y a point de meilleur moyen, que de voir si elles auroient pu le produire.

Je n'examine pas icy, si ce que l'on croit communement de la stabilité de la Terre, s'explique mieux par l'hipothese de Mon-

 sieur

ſieur Deſcartes, que par celles qui l'ont precedée.

Je n'examine pas auſſi, ſi elle eſt plus vraye que les autres. Il a dit luy-même, ainſi que je l'ay déja remarqué, qu'elle pouvoit eſtre fauſſe. Et veritablement entre une infinité de moyens, dont Dieu ſe peut ſervir pour faire une même choſe, il eſt difficile d'aſſurer duquel il s'eſt ſervi en effet. Mais il me ſemble, que les hommes ont ſujet d'eſtre contens, quand ils en ont trouvé un qui peut expliquer tous les Phœnomenes, & qui n'eſt pas contraire à ce que l'Ecriture ou l'Egliſe nous propoſent. Monſieur Deſcartes a eu ſi peur de rien avancer qui ne fût pas conforme à ce qu'elles nous preſcrivent, qu'il a ſoûmis expreſſement au jugement

gement de l'une, ce qu'il ſemble avoir entierement tiré de l'autre.

Ainſi, quiconque lira ſes Ecrits dans le même eſprit qu'il avoit en les faiſant, ne ſera point en danger de ſe tromper juſques à l'Hereſie, & ſera toûjours preſt à reconnoiſtre ſes erreurs, ſitoſt que ceux qui ſont prepoſez pour diriger ſa croyance, l'en feront appercevoir. Pour moy, je ſuis perſuadé, que ſi l'on condamnoit ce que Monſieur Deſcartes a écrit touchant la maniere dont ſe font les divers aſpects du Soleil & de la Terre, & que ſi jugeant que ce n'eſt pas aſſez de ſtabilité pour elle, que de demeurer toûjours en repos au milieu de toute la matiere celeſte qui ſe trouve entre le corps de la Lune & le ſien, on venoit à decider, que le cercle, que Monsieur Descartes fait parcourir à toute cette matiere en un an autour du Soleil, est contraire à ce qu'on doit croire du repos de la Terre, ses plus grands Sectateurs imitans sa soumission, se soumettroient les premiers. Car enfin comme ils sçavent, par des demonstrations evidentes, non seulement que c'est Dieu qui est cause du mouvement de la moindre portion de matiere, mais encore que c'est sa main toute puissante qui la conduit par tout; il leur seroit bien plus aisé qu'à d'autres, de concevoir que cette même Main peut diriger les mouvemens du Soleil & de toute la matiere celeste autour de la Terre, sans qu'elle en reçoive

le

le moindre ébranlement.

Au reste, je crois ne pouvoir trop repeter que M. Descartes n'a pas pretendu, que son hypothese fut veritable en general, & même qu'il a reconnu qu'elle estoit fausse en certaines choses. Mais encore un coup j'estime qu'il a eu raison de penser, qu'il estoit permis aux hommes de faire des suppositions, & qu'elles estoient toutes recevables, pourveu qu'elles satisfissent à toutes les apparences, & qu'elles ne fussent pas contraires à la Religion.

Vous trouverez, M. R. P. en quelqu'une de ses Lettres, qu'il s'est mis fort en peine, lors qu'il a voulu avancer certaines propositions, de sçavoir si elles n'avoient pas esté condamnées par la Chambre de l'Inquiſition de Rome; c'eſt par les motifs de cette pieuſe crainte, qu'il dedia ſes Meditations à Meſſieurs de Sorbonne: Et enfin il paroiſt dans toute ſa conduite, qu'il n'eut pas voulu pour toute la ſcience du Monde, & pour toute la gloire qui en peut revenir, courir le hazard, je ne dis pas d'un anatheme, mais de la moindre cenſure. Je vous diray encore que je penſe connoitre une partie des meilleurs Eſprits qui ſont le plus attachez à ſes ſentimens: Et je n'en connois point qui n'abandonnât ſa doctrine, ſi elle eſtoit cenſurée. Je ne ſçay s'il en arriveroit de même à ceux qui ſuivent Ariſtote, ſi l'on condamnoit ſes opinions de nouveau; Je dis de nouveau, car vous ſçavez,

M. R.

M. R. P. qu'elles l'ont estépar les Loys, & même par un Concile. Cependant, quoy que depuis on n'ait rien changé aux Canons sur cette matiere, plusieurs s'imaginent le pouvoir suivre de bonne foy. Mais insensiblement je passerois les bornes que je me suis prescrites: Mon principal dessein n'est pas de blamer Aristote; je veux seulement justifier Monsieur Descartes, & je pense l'avoir fait suffisamment. Je suis,

MON REVEREND PERE,

Vostre humble & tres-obeïssant serviteur.
A. P. D. L. F.

De Paris le 5. Nouembre 1667.

www.ingramcontent.com/pod-product-compliance
Ingram Content Group UK Ltd.
Pitfield, Milton Keynes, MK11 3LW, UK
UKHW012252240726
13966UKWH00004B/1396

9 782012 853362